AF284388

Impressum
Verlag: BABADADA GmbH, Nedderfeld 112 , 22529 Hamburg
Geschäftsführer / Verlagsleitung: Harald Hof
Druck: Books on Demand GmbH, In de Tarpen 42, 22848 Norderstedt

Imprint
Publisher: BABADADA GmbH, Nedderfeld 112 , 22529 Hamburg, Germany
Managing Director / Publishing direction: Harald Hof
Print: Books on Demand GmbH, In de Tarpen 42, 22848 Norderstedt

school
école

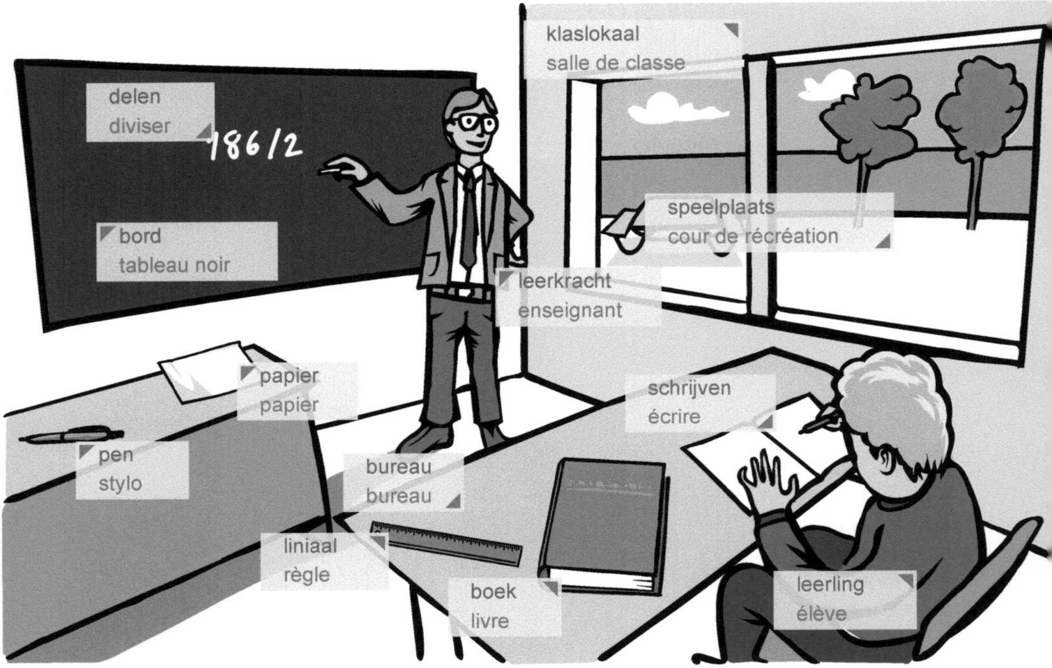
klaslokaal
salle de classe
delen
diviser
186/2
bord
tableau noir
speelplaats
cour de récréation
leerkracht
enseignant
papier
papier
schrijven
écrire
pen
stylo
bureau
bureau
liniaal
règle
boek
livre
leerling
élève

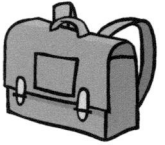

schooltas
sac d'école

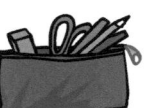

pennenzak
trousse

potlood
crayon

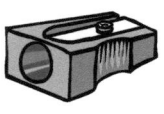

puntenslijper
taille-crayon

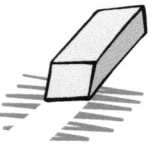

gom
gomme

tekenblok
carnet à dessin

tekening

dessin

verfborstel

pinceau

verfdoos

boîte de peinture

schaar

ciseaux

lijm

colle

werkboek

cahier d'exercices

huiswerk

tâches

nummer

chiffre

optellen

additionner

aftrekken

soustraire

vermenigvuldigen

multiplier

rekenen

calculer

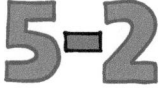

letter

lettre

alfabet

alphabet

woord

mot

tekst

texte

Lezen

lire

krijt

craie

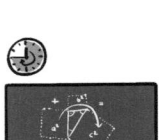

les

leçon

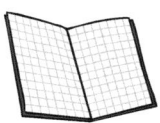

klassenboek

livre de classe

examen

examen

certificaat

certificat

schooluniform

uniforme scolaire

onderwijs

formation

encyclopedie

lexique

universiteit

université

microscoop

microscope

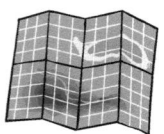

kaart

carte

papiermand

corbeille à papier

school - école

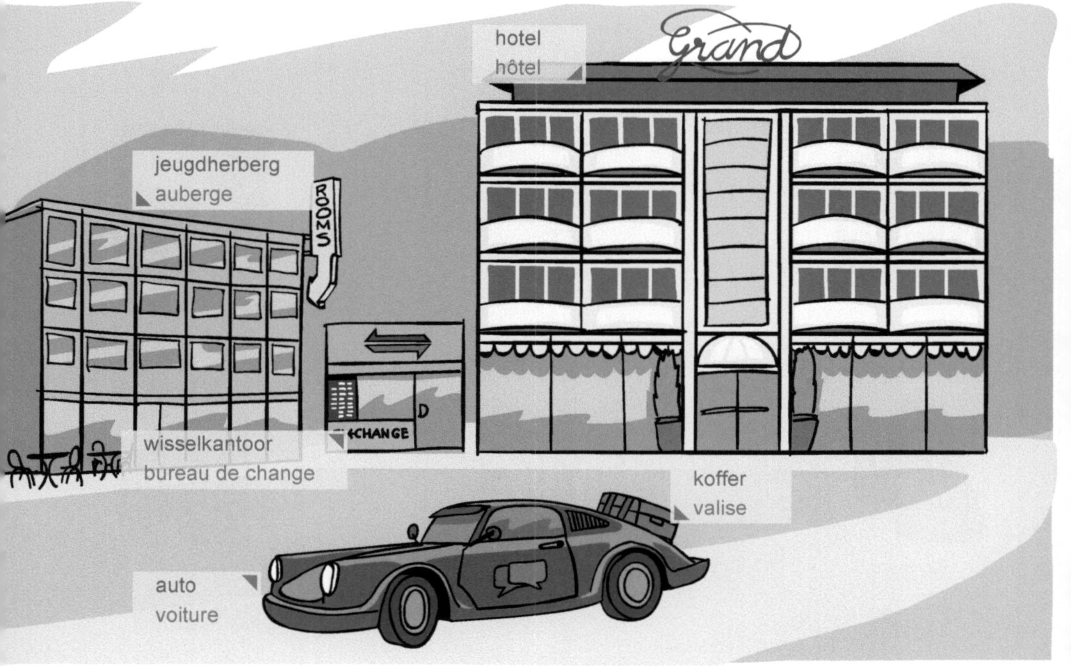
hotel
hôtel
Grand
jeugdherberg
auberge
ROOMS
wisselkantoor
bureau de change
CHANGE
koffer
valise
auto
voiture

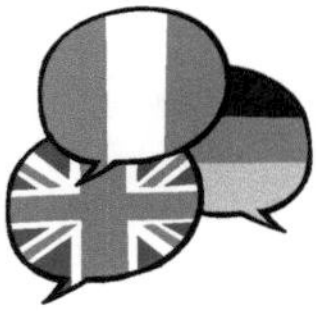

Taal
langue

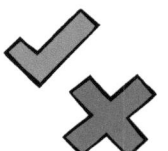

ja / nee
oui / non

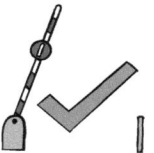

oké
d'accord

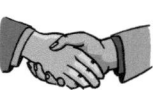

hallo
Salut

vertaler
interprète

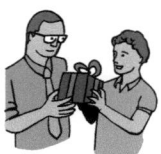

bedankt
merci

Hoeveel kost ...?

Combien coûte...?

Ik begrijp het niet

Je ne comprends pas

probleem

problème

Goedenavond!

Bonsoir!

Goedemorgen!

Bonjour!

Goedenavond!

Bonne nuit!

Tot ziens

Au revoir

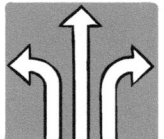

richting

direction

bagage

bagages

zak

sac

rugzak

sac-à-dos

gast

hôte

kamer

pièce

slaapzak

sac de couchage

tent

tente

toeristeninformatie

office de tourisme

strand

plage

kredietkaart

carte de crédit

ontbijt

petit-déjeuner

lunch

déjeuner

avondeten

dîner

ticket

billet

lift

ascenseur

postzegel

timbre

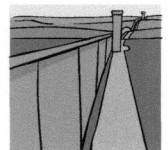

grens

frontière

douane

douane

ambassade

ambassade

visum

visa

paspoort

passeport

transport

transport

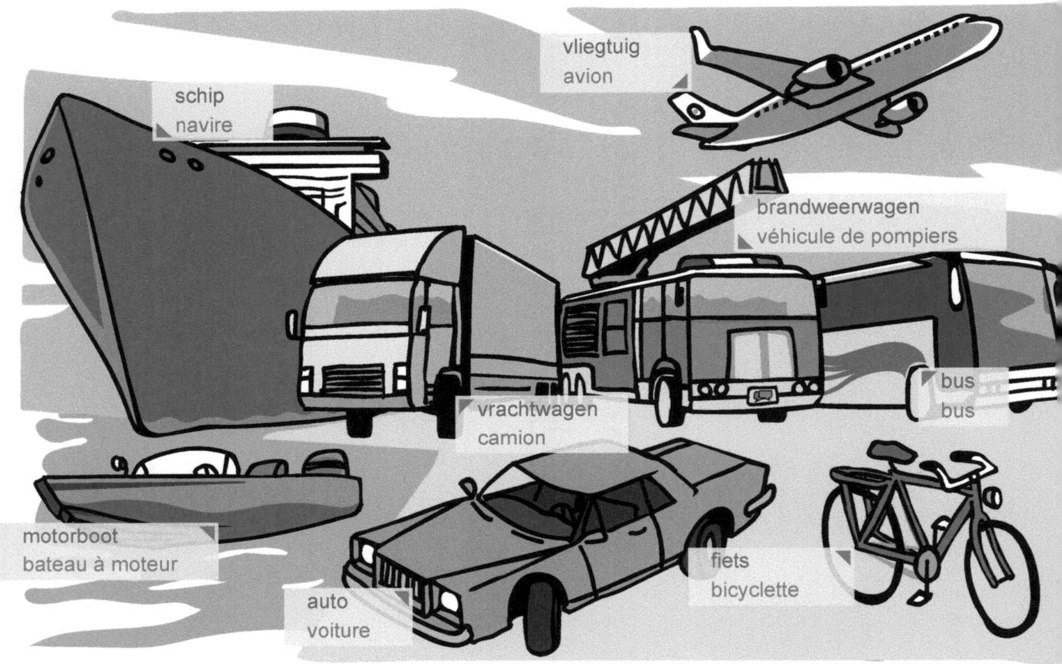
vliegtuig
avion
schip
navire
brandweerwagen
véhicule de pompiers
bus
bus
vrachtwagen
camion
motorboot
bateau à moteur
fiets
bicyclette
auto
voiture

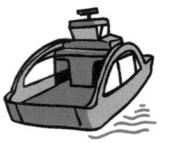

veerboot

ferry

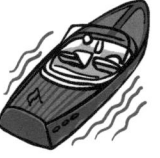

boot

barque

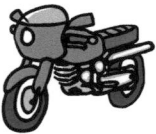

motor

moto

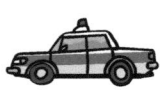

politiewagen

voiture de police

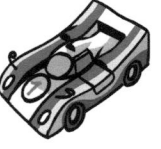

racewagen

voiture de course

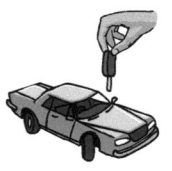

huurauto

voiture de location

carpoolen

autopartage

sleepwagen

dépanneuse

vuilniswagen

benne à ordures

motor

moteur

benzine

essence

benzinestation

station d'essence

verkeersbord

panneau indicateur

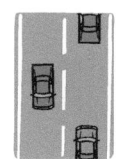

verkeer

trafic

file

embouteillage

parkeerplaats

parking

station

gare

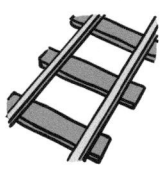

sporen

rails

trein

train

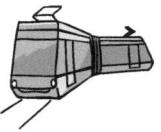

tram

tram

wagon

wagon

transport - transport

9

helikopter

hélicoptère

luchthaven

aéroport

toren

tour

passagier

passager

container

container

karton

carton

kar

chariot

mand

corbeille

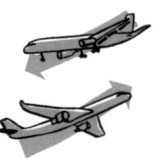

opstijgen / landen

décoller / atterrir

stad

ville

dorp

village

stadscentrum

centre-ville

huis

maison

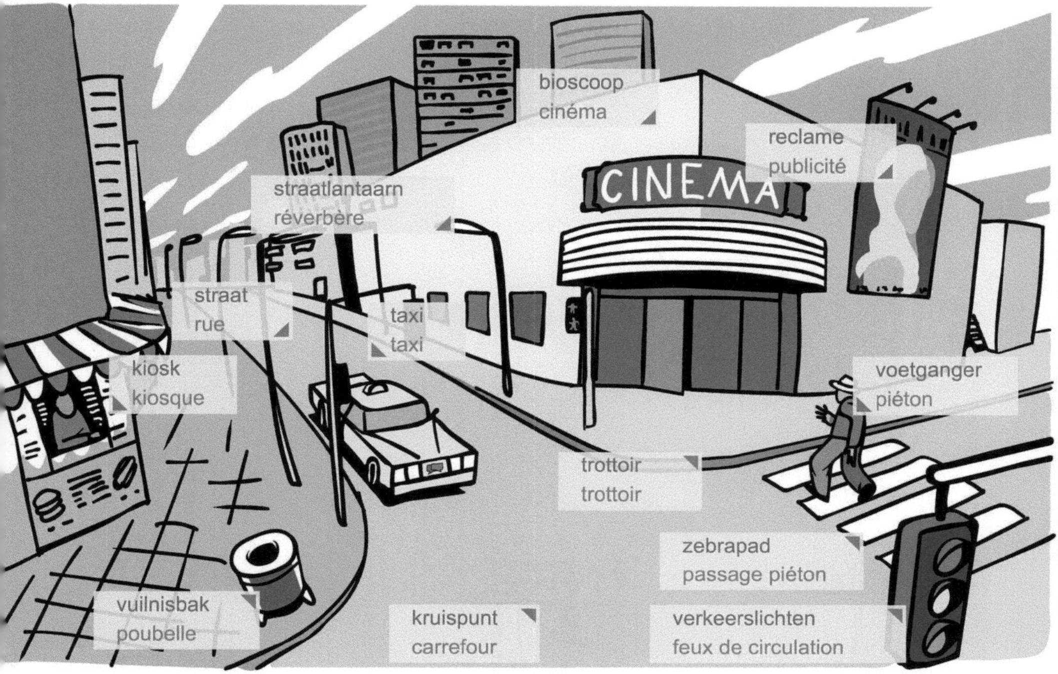

bioscoop
cinéma

reclame
publicité

straatlantaarn
réverbère

straat
rue

taxi
taxi

CINEMA

voetganger
piéton

kiosk
kiosque

trottoir
trottoir

zebrapad
passage piéton

vuilnisbak
poubelle

kruispunt
carrefour

verkeerslichten
feux de circulation

hut

cabane

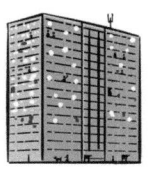

woning

appartement

station

gare

stadshuis

mairie

museum

musée

school

école

stad - ville

universiteit

université

bank

banque

ziekenhuis

hôpital

hotel

hôtel

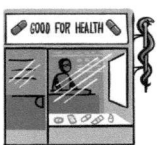

apotheek

pharmacie

kantoor

bureau

boekwinkel

librairie

winkel

magasin

bloemenwinkel

fleuriste

supermarkt

supermarché

markt

marché

warenhuis

grand magasin

vishandelaar

poissonnerie

winkelcentrum

centre commercial

haven

port

park

parc

bank

banque

brug

pont

trap

escaliers

metro

métro

tunnel

tunnel

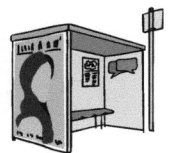

bushalte

arrêt de bus

bar

bar

restaurant

restaurant

brievenbus

boîte à lettres

straatnaambord

panneau indicateur

parkeermeter

parcomètre

zoo

zoo

zwembad

réverbère

moskee

mosquée

boerderij
....
ferme

milieuverontreiniging
....
pollution

kerkhof
....
cimetière

kerk
....
église

speelplaats
....
aire de jeux

tempel
....
temple

landschap
paysage

blad
feuille

wegwijzer
panneau indicateur

weg
chemin

weide
pré

steen
pierre

boom
arbre

wandelaar
randonneur

rivier
rivière

gras
herbe

bloem
fleur

vallei
vallée

heuvel
montagne

meer
lac

bos
forêt

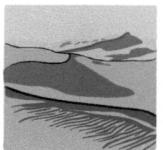

woestijn
désert

vulkaan
volcan

kasteel
château

regenboog
arc-en-ciel

paddenstoel
champignon

palmboom
palmier

mug
moustique

vlieg
mouche

mier
fourmis

bijl
abeille

spin
araignée

kever

scarabée

kikker

grenouille

eekhoorn

écureuil

egel

hérisson

haas

lapin

uil

chouette

vogel

oiseau

zwaan

cygne

wild zwijn

sanglier

hert

cerf

eland

élan

dam

barrage

windturbine

éolienne

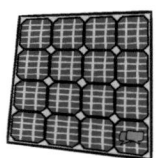

zonnepaneel

panneau solaire

klimaat

climat

restaurant
restaurant

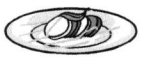

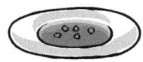

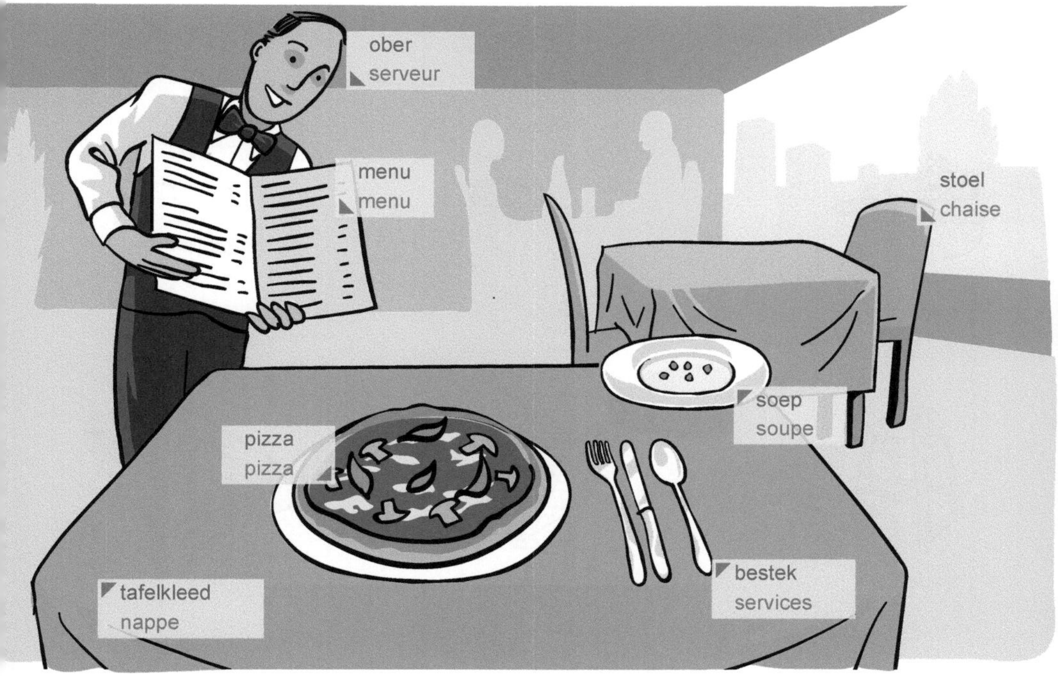
ober
serveur
menu
menu
stoel
chaise
soep
soupe
pizza
pizza
bestek
services
tafelkleed
nappe

voorgerecht

hors d'œuvre

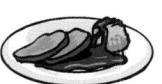

hoofdgerecht

plat principal

nagerecht

dessert

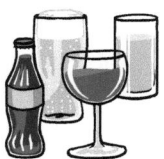

drankjes

boissons

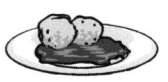

eten

alimentation

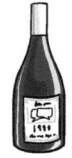

fles

bouteille

fastfood
fast-food

street food
plats à emporter

theepot
théière

suikerpot
sucrier

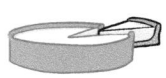

portie
portion

espressomachine
machine à expresso

kinderstoel
chaise haute

rekening
facture

dienblad
plateau

mes
couteau

vork
fourchette

lepel
cuillère

theelepel
cuillère à thé

serviette
serviette

glas
verre

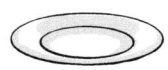

bord
assiette

soepbord
assiette à soupe

schoteltje
soucoupe

saus
sauce

zoutvatje
salière

pepermolen
moulin à poivre

azijn
vinaigre

olie
huile

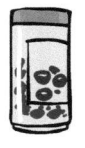

kruiden
épices

ketchup
ketchup

mosterd
moutarde

mayonaise
mayonnaise

supermarkt
supermarché

aanbieding
offre promotionnelle
FOR
klant
client
zuivelproducten
produits laitiers
fruit
fruits
winkelwagen
caddie

BUTCHERS

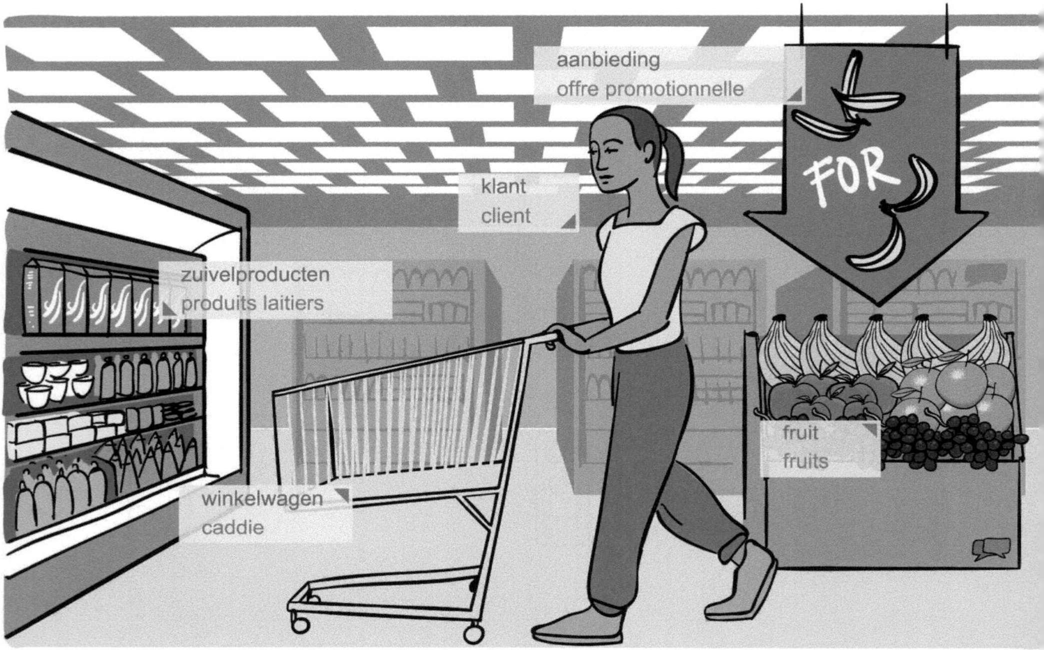

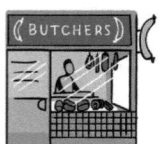

slagerij
boucherie

BAKERY

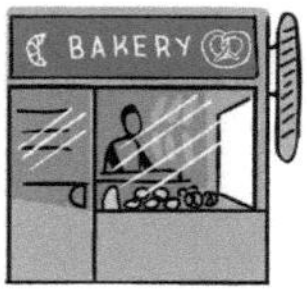

bakkerij
boulangerie

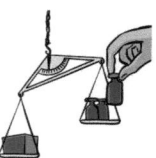

wegen
peser

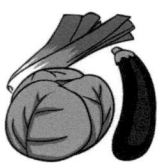

groenten
légumes

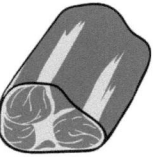

vlees
viande

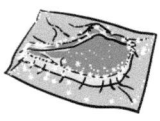

diepvriesvoedsel
aliments surgelés

charcuterie

charcuterie

conserven

conserves

waspoeder

poudre à lessive

snoep

bonbons

huishoudproducten

articménagers

schoonmaakproducten

détergents

verkoopster

vendeuse

kassa

caisse

kassier

caissier

boodschappenlijstje

liste d'achats

openingstijden

heures d'ouverture

portefeuille

portefeuille

kredietkaart

carte de crédit

tas

sac

plastieken zakje

sac en plastique

water

eau

sap

jus de fruit

melk

lait

cola

coca

wijn

vin

bier

bière

alcohol

alcool

cacao

chocolat chaud

thee

thé

koffie

café

espresso

expresso

cappuccino

cappuccino

banaan

banane

appel

pomme

sinaasappel

orange

meloen

melon

citroen

citron

wortel

carotte

knoflook

ail

bamboe

bambou

ajuin

oignon

champignon

champignon

noten

noisettes

noodles

pâtes

spaghetti

spaghettis

rijst

riz

salade

salade

frieten

frites

gebakken aardappelen

pommes de terre rôties

pizza

pizza

hamburger

hamburger

sandwich

sandwich

kalfslapje

escalope

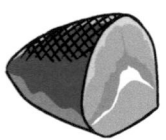

ham

jambon

salami

salami

worst

saucisse

kip

poulet

braden

rôti

vis

poisson

havervlokken

flocons d'avoine

muesli

muesli

cornflakes

cornflakes

bloem

farine

croissant

croissant

pistolet

petits-pains

brood

pain

toast

pain grillé

koekjes

biscuits

boter

beurre

kwark

fromage blanc

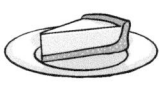

taart

gâteau

ei

œuf

spiegelei

œuf au plat

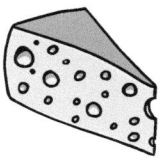

kaas

fromage

ijs
glace

suiker
sucre

honing
miel

confituur
confiture

choco
crème nougat

curry
curry

eten - alimentation

boerderij

ferme

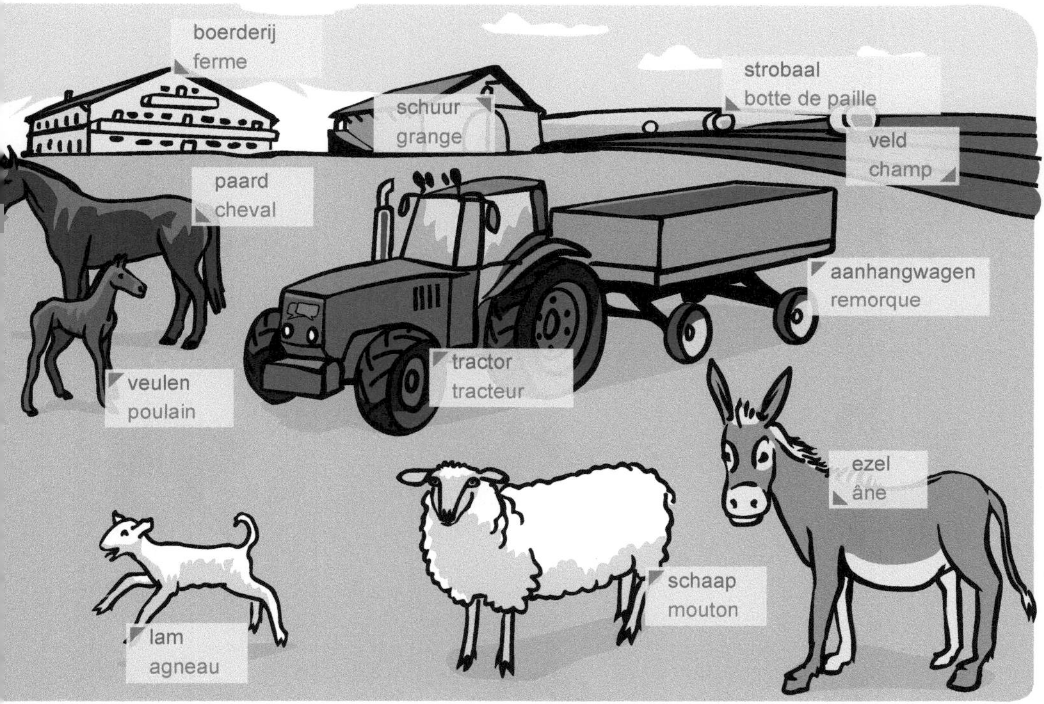
boerderij
ferme
schuur
grange
strobaal
botte de paille
veld
champ
paard
cheval
aanhangwagen
remorque
veulen
poulain
tractor
tracteur
ezel
âne
schaap
mouton
lam
agneau

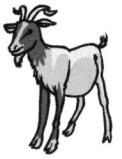

geit

chèvre

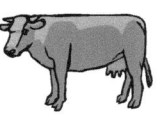

koe

vache

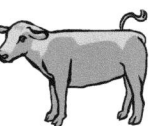

kalf

veau

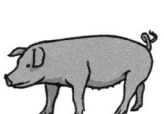

varken

porc

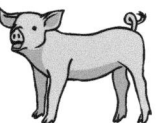

biggetje

porcelet

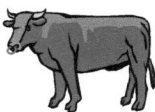

stier

taureau

gans
oie

eend
canard

kuiken
poussin

kip
poule

haan
coq

rat
rat

kat
chat

muis
souris

os
bœuf

hond
chien

hondenhok
chenil

tuinslang
tuyau de jardin

gieter
arrosoir

zeis
faucheuse

ploeg
charrue

sikkel

faucille

schoffel

pioche

hooivork

fourche

bijl

hache

kruiwagen

brouette

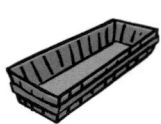

trog

cuve

melkkan

pot à lait

zak

sac

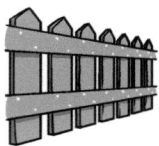

hek

clôture

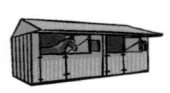

stal

étable

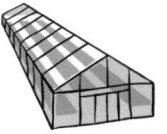

broeikas

serre

bodem

sol

zaad

semences

mest

engrais

maaidorser

moissonneuse-batteuse

oogsten

récolter

oogst

récolte

yam

igname

tarwe

blé

soja

soja

aardappel

pomme de terre

maïs

maïs

koolzaad

colza

fruitboom

arbre fruitier

maniok

manioc

graan

céréales

huis
maison

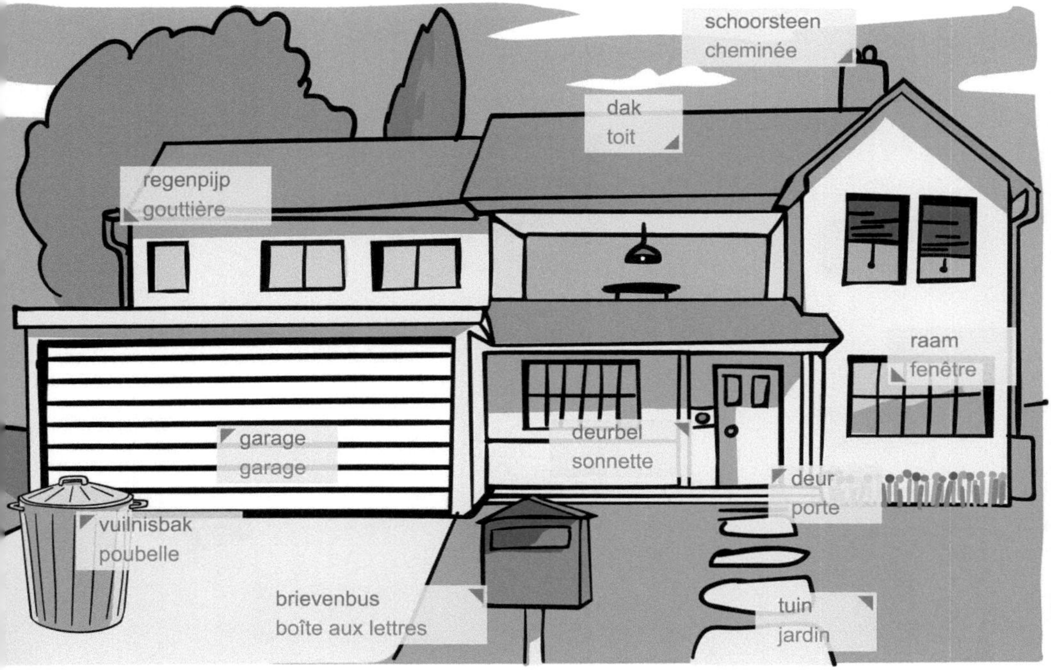
schoorsteen
cheminée
dak
toit
regenpijp
gouttière
raam
fenêtre
garage
garage
deurbel
sonnette
deur
porte
vuilnisbak
poubelle
brievenbus
boîte aux lettres
tuin
jardin

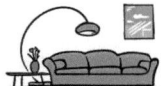

woonkamer

salon

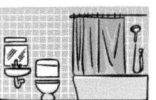

badkamer

chambre de bain

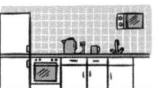

keuken

cuisine

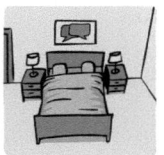

slaapkamer

chambre à coucher

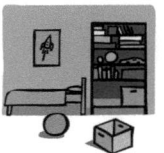

kinderkamer

chambre d'enfant

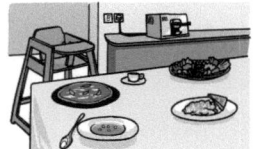

eetkamer

salle à manger

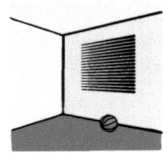

vloer
sol

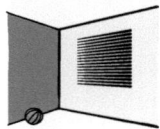

muur
mur

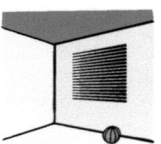

plafond
plafond

kelder
cave

sauna
sauna

balkon
balcon

terras
terrasse

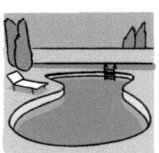

zwembad
piscine

grasmaaier
tondeuse à gazon

dekbedovertrek
fourre de duvet

dekbed
couette

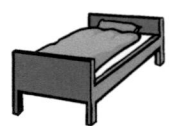

bed
lit

bezem
balai

emmer
sceau

schakelaar
interrupteur

woonkamer
salon

behangpapier
papier peint
foto
image
lamp
lampe
schap
étagère
kast
armoire
televisie
télé
open haard
cheminée
bloem
fleur
kussen
coussin
sofa
canapé
vaas
vase
afstandsbediening
télécommande

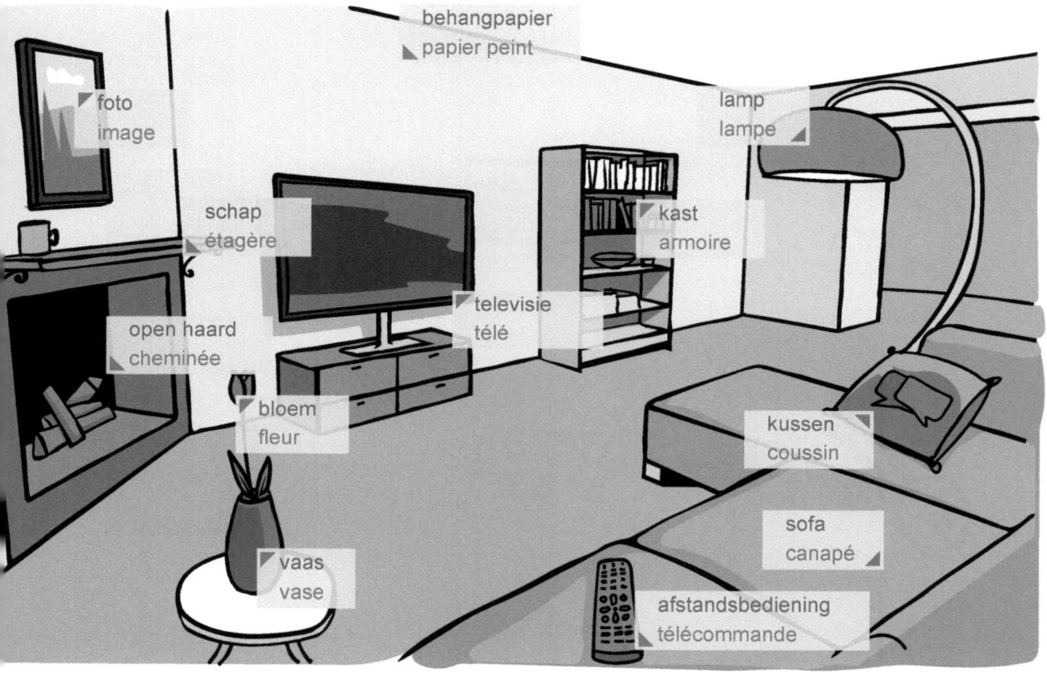

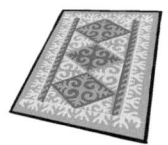

mat
tapis

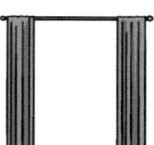

gordijn
rideau

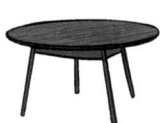

tafel
table

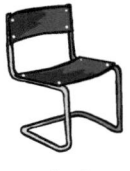

stoel
chaise

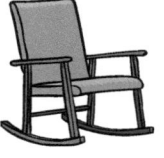

schommelstoel
chaise à bascule

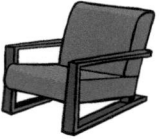

fauteuil
fauteuil

boek

livre

deken

couverture

decoratie

décoration

brandhout

bois de chauffage

film

film

stereo-installatie

chaîne hi-fi

sleutel

clé

krant

journal

schilderij

peinture

poster

poster

radio

radio

notitieboekje

bloc-notes

stofzuiger

aspirateur

cactus

cactus

kaars

bougie

keuken
cuisine

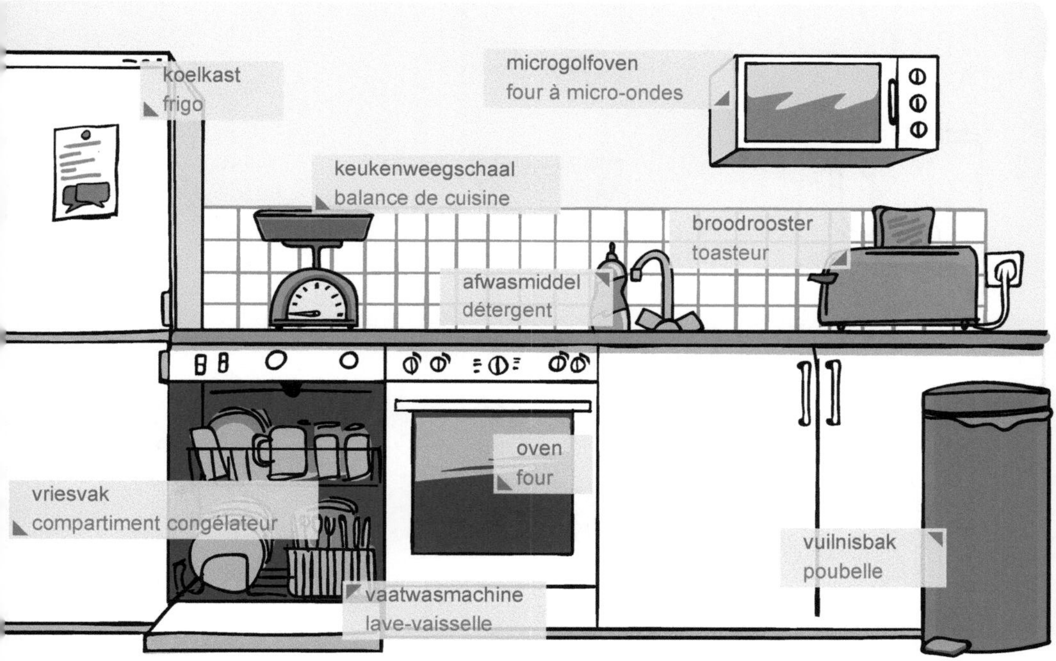

koelkast
frigo
microgolfoven
four à micro-ondes
keukenweegschaal
balance de cuisine
broodrooster
toasteur
afwasmiddel
détergent
oven
four
vriesvak
compartiment congélateur
vuilnisbak
poubelle
vaatwasmachine
lave-vaisselle

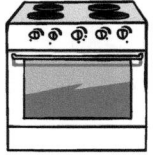

fornuis

four

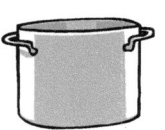

pot

casserole

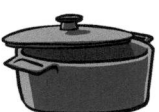

gietijzeren pot

marmite

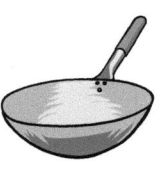

wok / kadai

wok/kadai

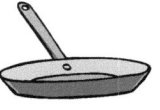

pan

poêle

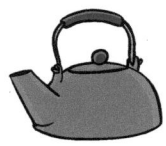

waterkoker

bouilloire électrique

stoomkoker

cuiseur vapeur

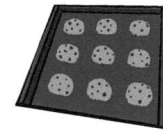

bakplaat

plaque de cuisson

servies

vaisselle

mok

gobelet

kom

bol

eetstokjes

baguettes

pollepel

louche

spatel

spatule

garde

fouet

vergiet

passoire

zeef

tamis

rasp

râpe

mortier

mortier

barbecue

barbecue

haardvuur

cheminée

snijplank

planche à découper

deegrol

rouleau à pâtisserie

kurkentrekker

tire-bouchon

blik

boîte

blikopener

ouvre-boîte

pannenlap

maniques

gootsteen

lavabo

borstel

brosse

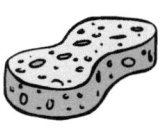

spons

éponge

blender

mixeur

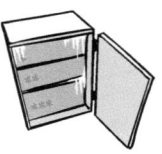

vriezer

congélateur

papfles

biberon

kraan

robinet

badkamer
chambre de bain

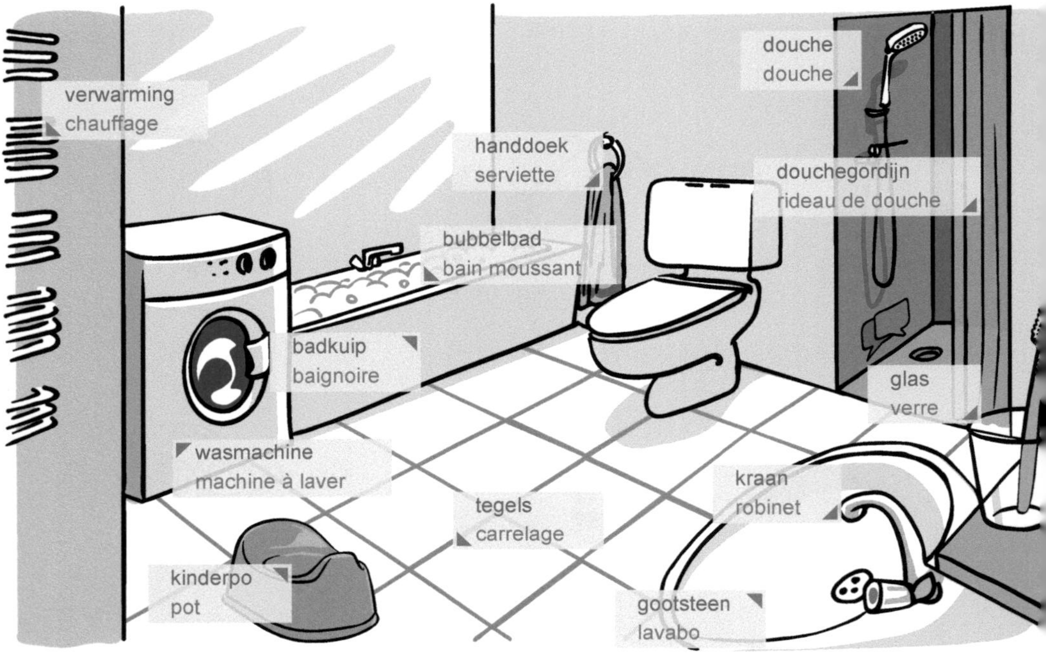

douche
douche
verwarming
chauffage
handdoek
serviette
douchegordijn
rideau de douche
bubbelbad
bain moussant
badkuip
baignoire
glas
verre
wasmachine
machine à laver
kraan
robinet
tegels
carrelage
kinderpo
pot
gootsteen
lavabo

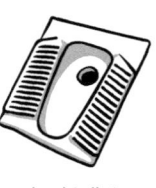

toilet

toilettes

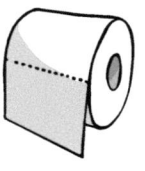

hurktoilet

toilette à turque

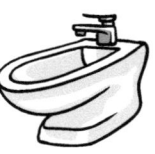

bidet

bidet

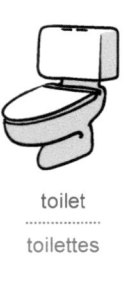

urinoir

urinoir

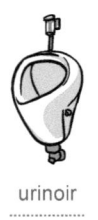

toiletpapier

papier toilette

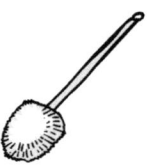

toiletborstel

brosse à toilette

tandenborstel

brosse à dents

tandpasta

dentifrice

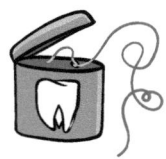

flosdraad

fil dentaire

wassen

laver

handdouche

douche manuelle

bidethanddouche

douche intime

waskom

vasque

rugborstel

brosse dorsale

zeep

savon

douchegel

gel douche

shampoo

shampooing

washandje

gant de toilette

afvoer

écoulement

crème

crème

deodorant

déodorant

spiegel

miroir

handspiegel

miroir cosmétique

scheermes

rasoir

scheerschuim

mousse à raser

aftershave

après-rasage

kam

peigne

borstel

brosse

haardroger

sèche-cheveux

haarlak

laque pour cheveux

make-up

fond de teint

lippenstift

rouge à lèvres

nagellak

vernis à ongles

watten

ouate

nagelknipper

coupe-ongles

parfum

parfum

toilettas

trousse de toilette

kruk

tabouret

weegschaal

balance

badjas

peignoir

latex handschoenen

gants de nettoyage

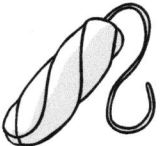

tampon

tampon

maandverband

serviettes hygiéniques

chemisch toilet

toilette chimique

kinderkamer
chambre d'enfant

wekker
réveil
knuffel
doudou
speelgoedauto
voiture jouet
rammelaar
hochet
poppenhuis
maison de poupée
geschenk
cadeau

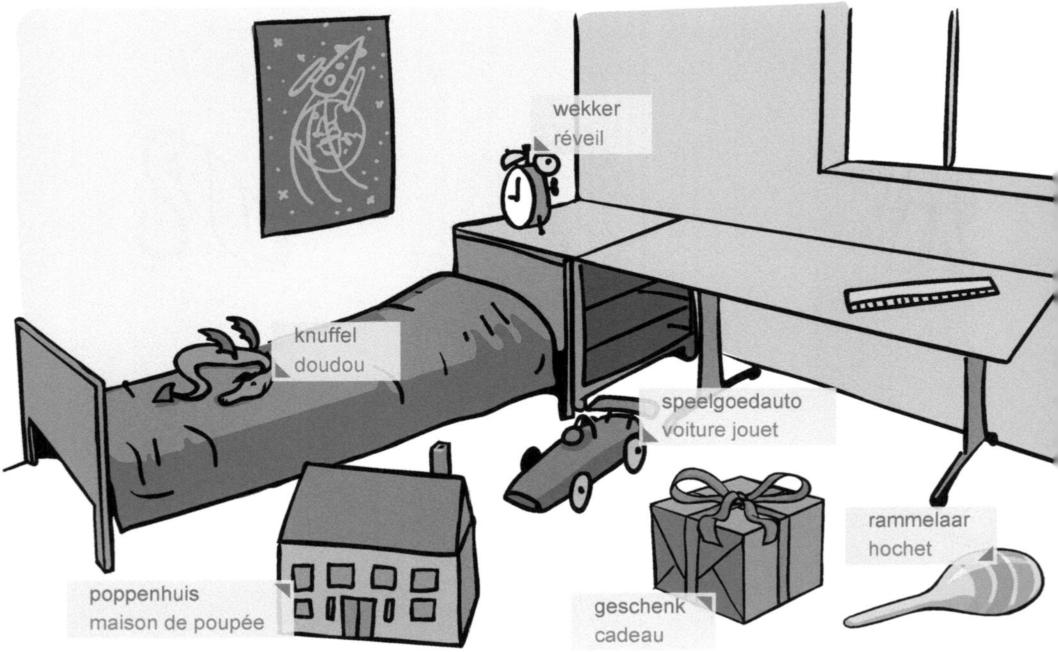

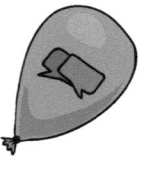

ballon
ballon

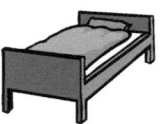

bed
lit

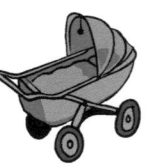

kinderwagen
poussette

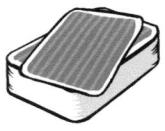

spel kaarten
jeu de cartes

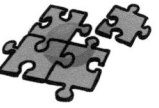

puzzel
puzzle

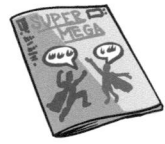

stripboek
bande dessinée

legoblokjes

pièces lego

blokken

blocs de construction

actiefiguur

figurine

kruippakje

grenouillère

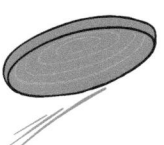

frisbee

frisbee

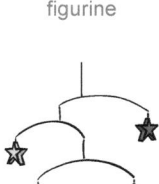

mobiel

mobile

bordspel

jeu de société

dobbelsteen

dé

modelspoorweg

train miniature

fopspeen

sucette

feest

fête

prentenboek

livre d'images

bal

balle

pop

poupée

spelen

jouer

zandbak
bac à sable

schommel
balançoire

speelgoed
jouets

spelconsole
console de jeu

driewieler
tricycle

knuffelbeer
ours en peluche

kleerkast
armoire

kleding
vêtements

sokken
chaussettes

kousen
bas

maillot
collant

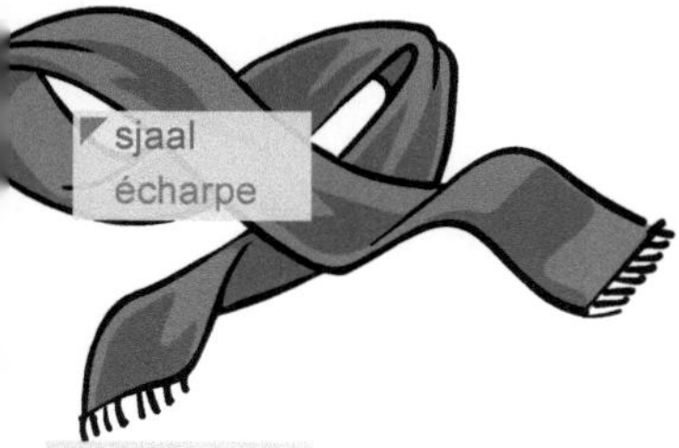

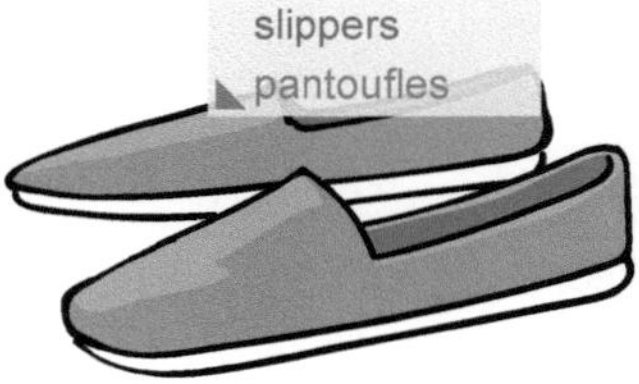

sjaal
écharpe

paraplu
parapluie

riem
ceinture

T-shirt
t-shirt

laarzen
bottes

slippers
pantoufles

sneakers
baskets

sandalen
....
sandales

schoenen
....
chaussures

rubberlaarzen
....
bottes de caoutchouc

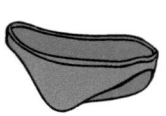

onderbroek
....
linge de corps

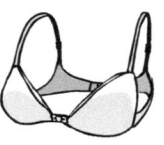

beha
....
soutien-gorge

onderhemd
....
maillot de corps

lichaam
body

broek
pantalon

jeans
jean

rok
jupe

blouse
chemisier

hemd
chemise

trui
pull

capuchontrui
pull-over à capuche

blazer
veste

jas
veste

jas
manteau

regenjas
imperméable

kostuum
costume

jurk
robe

trouwjurk
robe de mariée

pak
costume

nachthemd
chemise de nuit

pyjama
pyjama

sari
sari

hoofddoek
foulard

tulband
turban

boerka
burqa

kaftan
caftan

abaya
abaya

badpak
maillot de bain

zwembroek
costume de bain

short
cuissettes

trainingspak
tenue d'entraînement

schort
tablier

handschoenen
gants

knoop

bouton

bril

lunettes

armband

bracelet

ketting

collier

ring

bague

oorbel

boucle d'oreille

pet

bonnet

kapstok

cintre

hoed

chapeau

das

cravate

rits

fermeture éclair

helm

casque

bretellen

bretelles

schooluniform

uniforme scolaire

uniform

uniforme

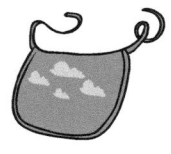

slabbetje

bavoir

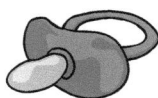

fopspeen

sucette

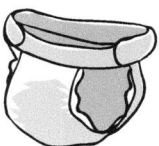

luier

couche

kantoor

bureau

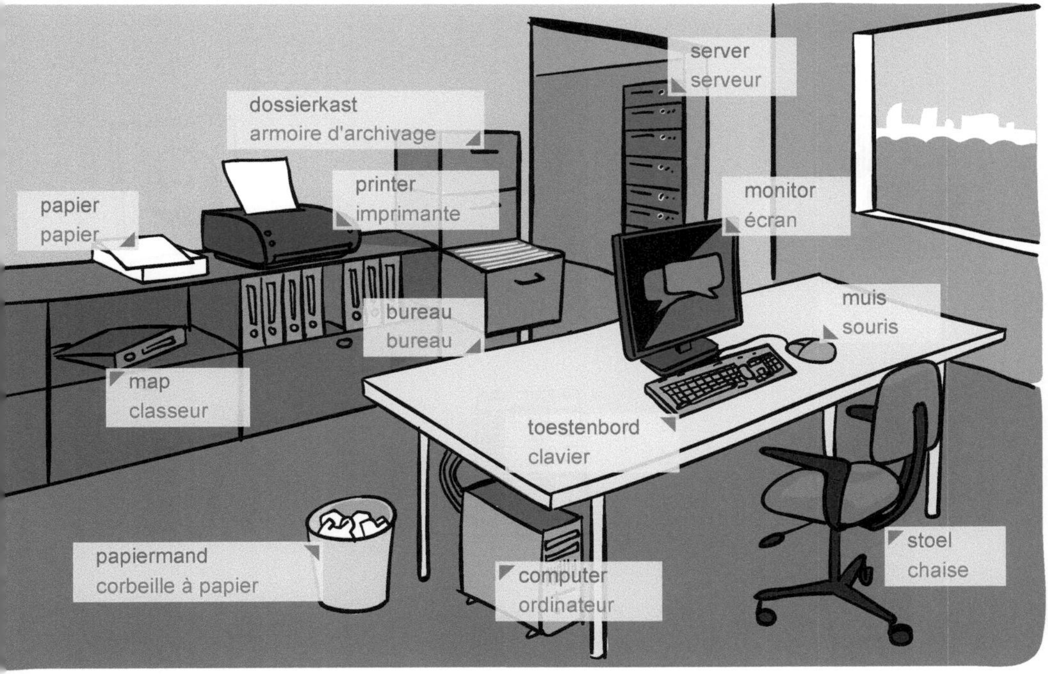
server
serveur
dossierkast
armoire d'archivage
printer
imprimante
papier
papier
monitor
écran
muis
souris
bureau
bureau
map
classeur
toestenbord
clavier
papiermand
corbeille à papier
stoel
chaise
computer
ordinateur

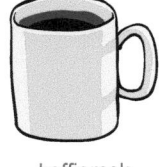

koffiemok

tasse à café

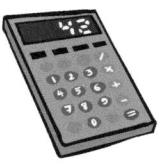

rekenmachine

calculatrice

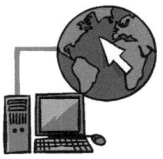

internet

internet

laptop
ordinateur portable

brief
lettre

bericht
message

gsm
portable

netwerk
réseau

kopieerapparaat
photocopieuse

software
logiciel

telefoon
téléphone

stopcontact
prise

fax
fax

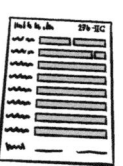

formulier
formulaire

document
document

kopen

acheter

betalen

payer

handelen

marchander

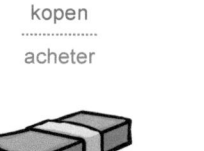

geld

monnaie

USD

dollar

dollar

EUR

euro

euro

JPY

yen

yen

RUB

roebel

rouble

CHF

Zwitserse frank

franc suisse

CNY

Chinese renminbi

renminbi yuan

INR

roepie

roupie

geldautomaat

distributeur automatique

wisselkantoor

bureau de change

goud

or

zilver

argent

olie

pétrole

energie

énergie

prijs

prix

contract

contrat

belasting

taxe

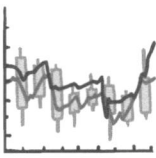

aandeel

action

werken

travailler

werknemer

employé

werkgever

employeur

fabriek

usine

winkel

magasin

economie - économie

beroepen
professions

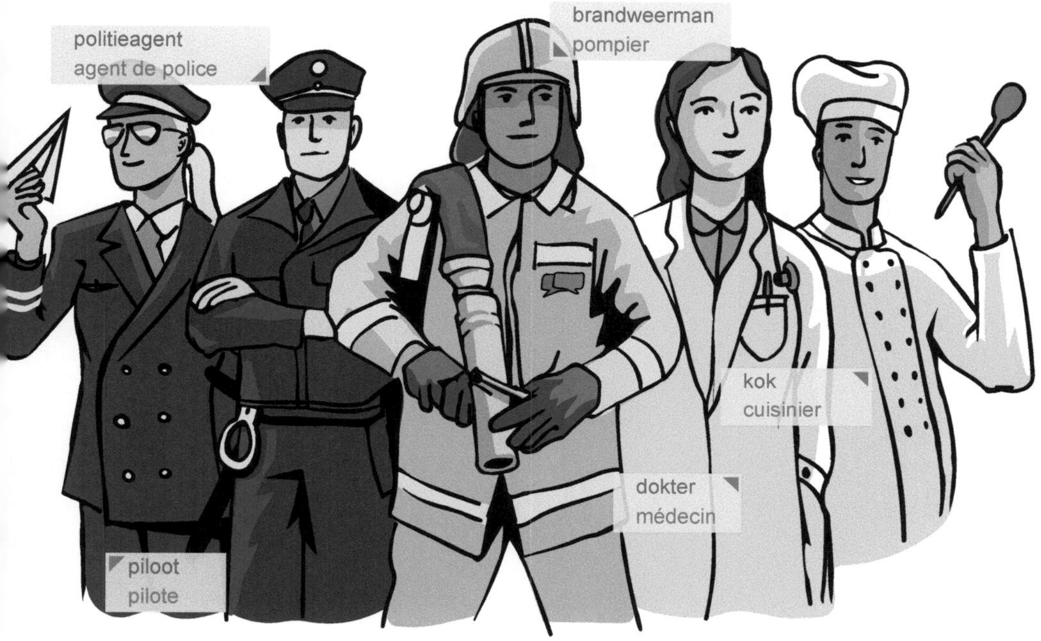
politieagent
agent de police
brandweerman
pompier
kok
cuisinier
dokter
médecin
piloot
pilote

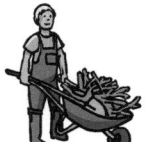

tuinman

jardinier

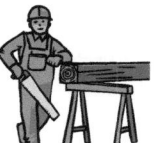

timmerman

menuisier

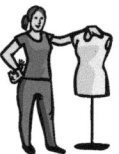

naaister

couturière

rechter

juge

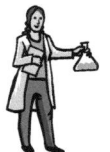

chemicus

chimiste

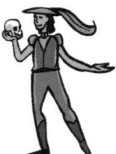

acteur

acteur

buschauffeur

conducteur de bus

taxichauffeur

chauffeur de taxi

visser

pêcheur

schoonmaakster

femme de ménage

dakdekker

couvreur

ober

serveur

jager

chasseur

schilder

peintre

bakker

boulanger

elektricien

électricien

bouwvakker

ouvrier

ingenieur

ingénieur

slager

boucher

loodgieter

plombier

postbode

facteur

soldaat
soldat

architect
architecte

kassier
caissier

bloemist
fleuriste

kapper
coiffeur

conducteur
contrôleur

mecanicien
mécanicien

kapitein
capitaine

tandarts
dentiste

wetenschapper
scientifique

rabbijn
rabbin

imam
imam

monnik
moine

geestelijke
prêtre

werktuigen
outils

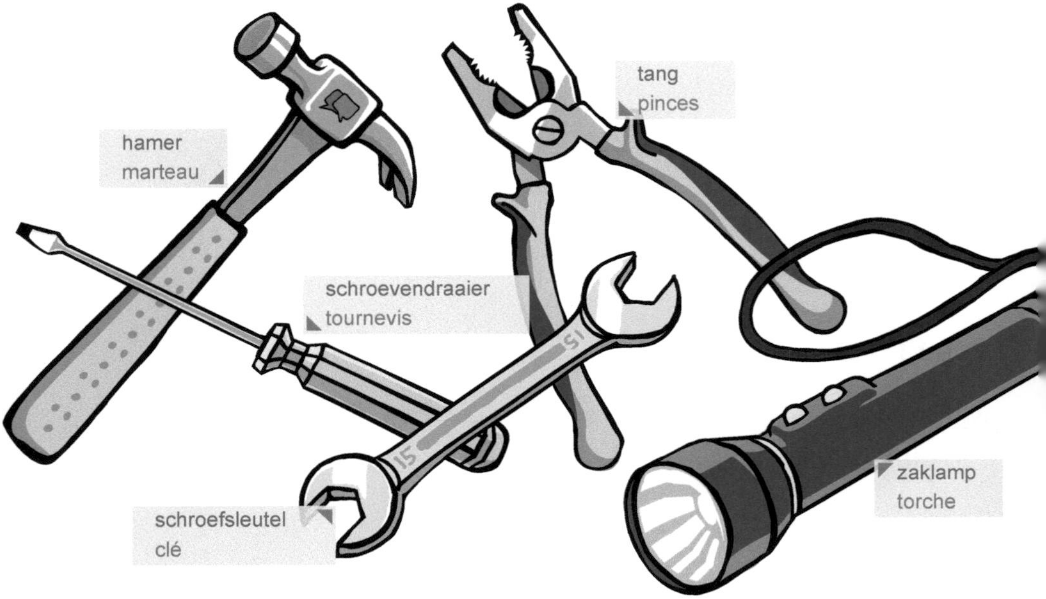
hamer
marteau
tang
pinces
schroevendraaier
tournevis
schroefsleutel
clé
zaklamp
torche

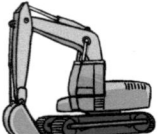

graafmachine

pelleteuse

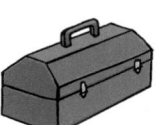

gereedschapskoffer

boîte à outils

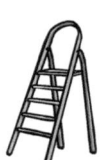

ladder

échelle

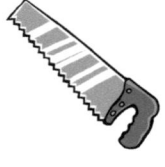

zaag

scie

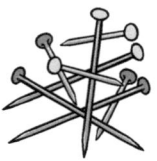

spijkers

clous

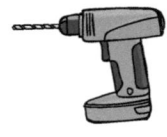

boormachine

perceuse

repareren
....
réparer

schop
....
pelle

Verdomme!
....
Mince!

blik
....
pelle

verfpot
....
pot de peinture

schroeven
....
vis

muziekinstrumenten
instruments de musique

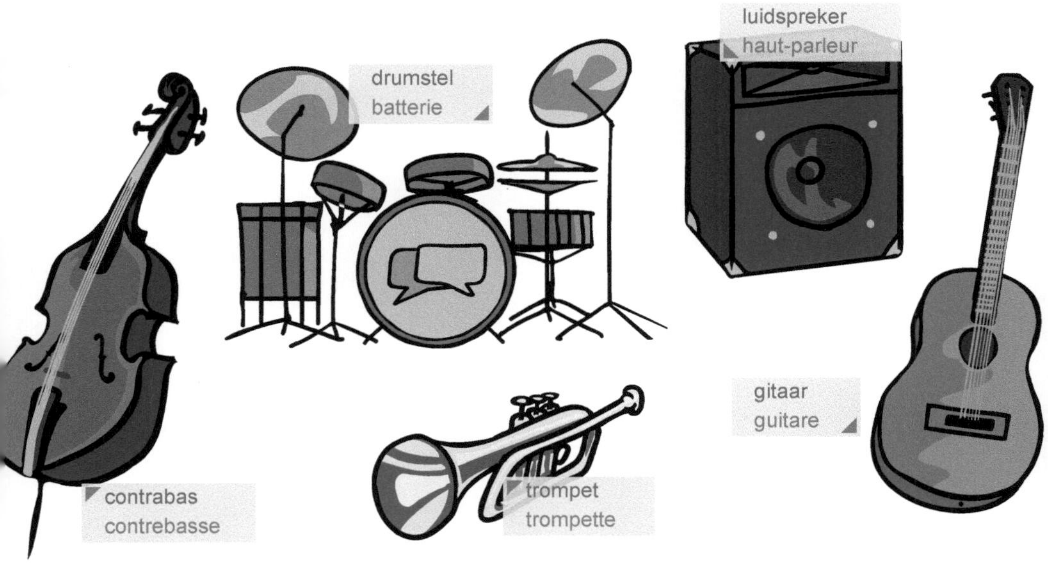

drumstel
batterie

luidspreker
haut-parleur

gitaar
guitare

contrabas
contrebasse

trompet
trompette

piano
piano

viool
violon

basgitaar
basse

pauk
timbales

trommels
tambour

keyboard
piano électrique

saxofoon
saxophone

fluit
flûte

microfoon
microphone

ingang
entrée

tijger
tigre

kooi
cage

zebra
zèbre

diereneten
alimentation animale

panda
panda

dieren

animaux

olifant

éléphant

kangoeroe

kangourou

neushoorn

rhinocéros

gorilla

gorille

beer

ours

kameel

chameau

struisvogel

autruche

leeuw

lion

aap

singe

flamingo

flamand rose

papegaai

perroquet

ijsbeer

ours polaire

pinguïn

pingouin

haai

requin

pauw

paon

slang

serpent

krokodil

crocodile

dierenverzorger

gardien de zoo

zeehond

phoque

jaguar

jaguar

pony
poney

luipaard
léopard

nijlpaard
hippopotame

giraffe
girafe

adelaar
aigle

wild zwijn
sanglier

vis
poisson

zeeschildpad
tortue

walrus
morse

vos
renard

gazelle
gazelle

rugby
american Football

wielrennen
cyclisme

tennis
tennis

basketbal
basket-ball

zwemmen
natation

boksen
boxe

ijshockey
hockey sur glace

voetbal
football

badminton
badminton

atletiek
athlétisme

handbal
handball

skiën
ski

polo
polo

activiteiten
activités

lachen
rire
springen
sauter
knuffelen
embrasser
wandelen
marcher
zingen
chanter
dromen
rêver
bidden
prier
kussen
faire la bise

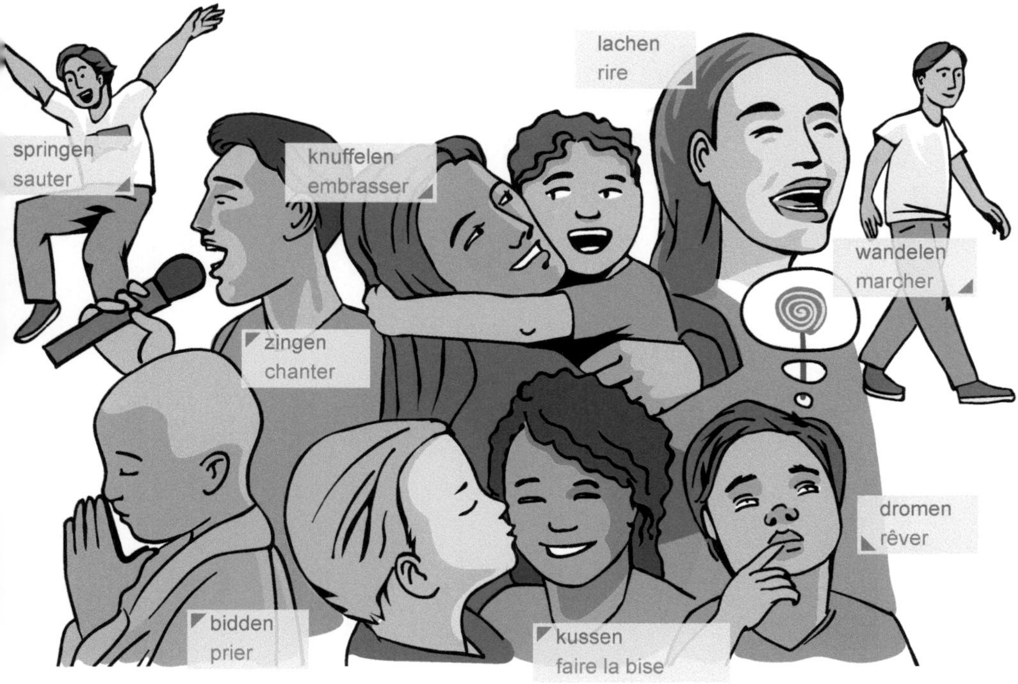

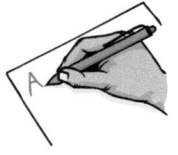

schrijven

écrire

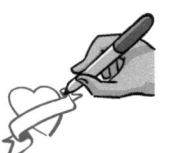

tekenen

dessiner

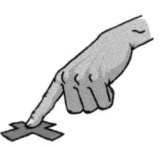

tonen

montrer

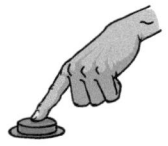

duwen

pousser

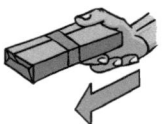

geven

donner

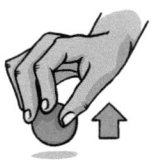

nemen

prendre

hebben

avoir

doen

faire

zijn

être

staan

être debout

lopen

courir

trekken

trier

gooien

jeter

vallen

tomber

liggen

être couché

wachten

attendre

dragen

porter

zitten

être assis

aankleden

s'habiller

slapen

dormir

ontwaken

se réveiller

kijken naar

regarder

wenen

pleurer

aaien

caresser

kammen

peigner

praten

parler

begrijpen

comprendre

vragen

demander

luisteren

écouter

drinken

boire

eten

manger

opruimen

ranger

houden van

aimer

koken

cuire

rijden

conduire

vliegen

voler

zeilen
faire de la voile

rekenen
calculer

Lezen
lire

leren
apprendre

werken
travailler

trouwen
se marier

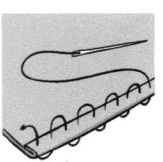

naaien
coudre

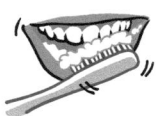

tandenpoetsen
se brosser les dents

doden
tuer

roken
fumer

sturen
envoyer

grootmoeder
grand-mère

grootvader
grand-père

vader
père

moeder
mère

baby
bébé

dochter
fille

zoon
fils

gast

hôte

tante

tante

oom

oncle

broer

frère

zus

sœur

familie - famille

lichaam
corps

voorhoofd
front
oog
œil
schouder
épaule
vinger
doigt
gezicht
visage
kin
menton
hand
main
been
jambe
borst
poitrine
arm
bras

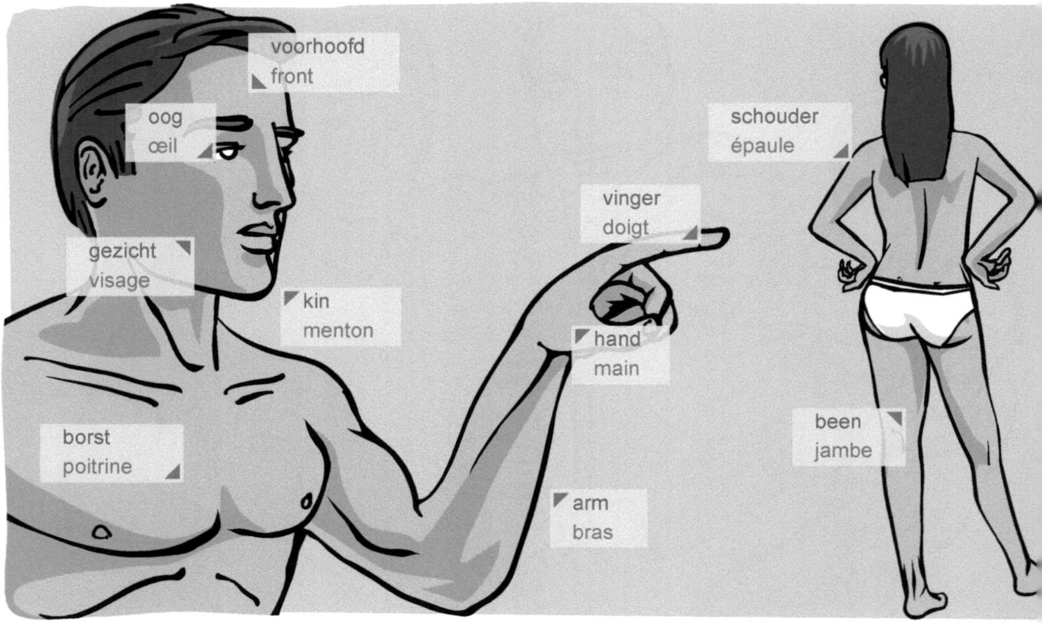

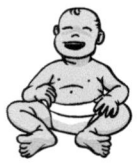

baby

bébé

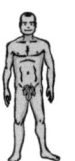

man

homme

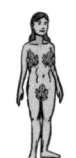

vrouw

femme

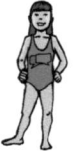

meisje

fille

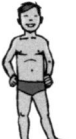

jongen

garçon

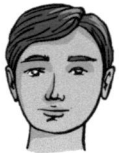

hoofd

tête

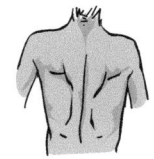

rug
dos

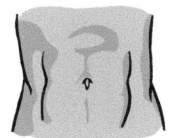

buik
ventre

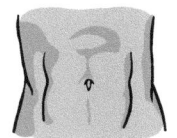

navel
nombril

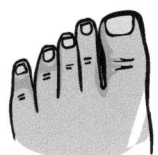

teen
orteil

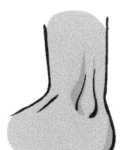

hiel
talon

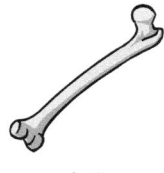

bot
os

heup
hanche

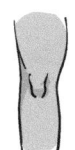

knie
genou

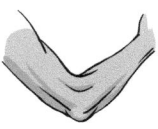

elleboog
coude

neus
nez

zitvlak
fesses

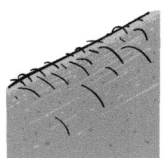

huid
peau

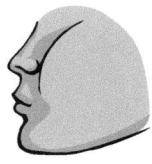

wang
joue

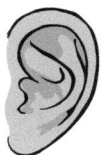

oor
oreille

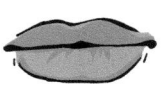

lip
lèvre

mond

bouche

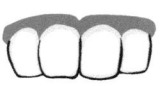

tand

dent

tong

langue

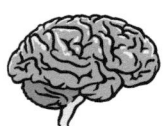

hersenen

cerveau

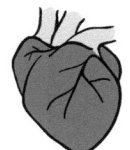

hart

cœur

spier

muscle

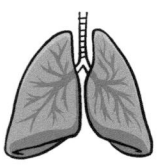

long

poumons

lever

foie

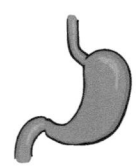

maag

estomac

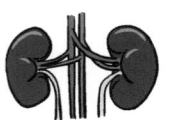

nieren

reins

seks

rapport sexuel

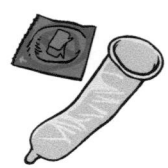

condoom

préservatif

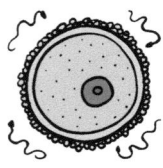

eicel

ovule

sperma

sperme

zwangerschap

grossesse

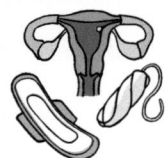

menstruatie
menstruation

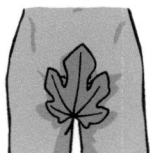

vagina
vagin

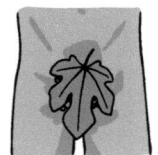

penis
pénis

wenkbrauw
sourcil

haar
cheveux

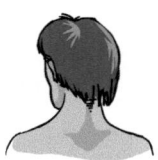

nek
cou

ziekenhuis

hôpital

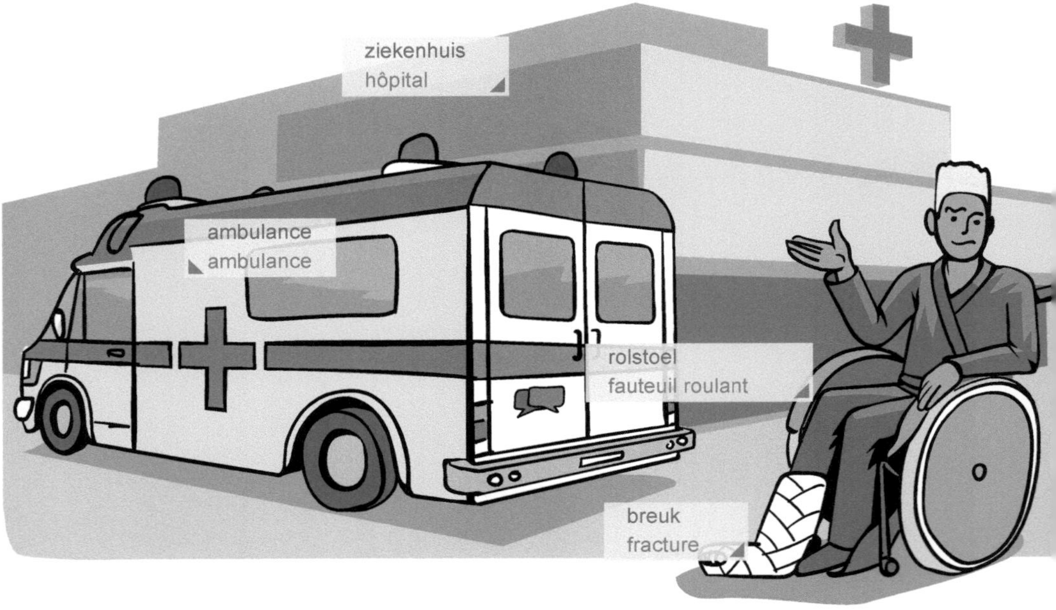

ziekenhuis
hôpital
ambulance
ambulance
rolstoel
fauteuil roulant
breuk
fracture

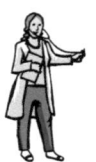

dokter

médecin

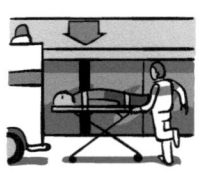

spoed

service des urgences

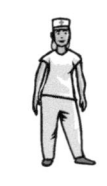

verpleegkundige

infirmière

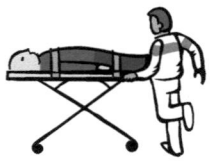

noodgeval

urgence

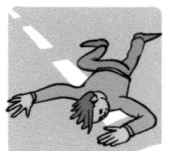

bewusteloos

inconscient

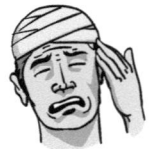

pijn

douleur

verwonding
blessure

bloeding
hémorragie

hartaanval
crise cardiaque

beroerte
attaque cérébrale

allergie
allergie

hoest
toux

koorts
fièvre

griep
grippe

diarree
diarrhée

hoofdpijn
mal de tête

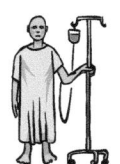

kanker
cancer

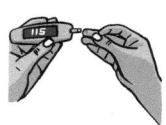

diabetes
diabète

chirurg
chirurgien

scalpel
scalpel

operatie
opération

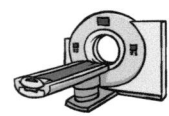

CT

CT

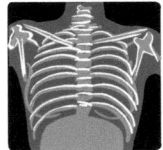

röntgenstraal

radiographie

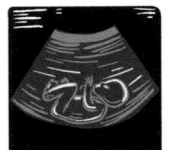

ultrageluid

échographie

gezichtsmasker

masque

ziekte

maladie

wachtkamer

salle d'attente

kruk

béquille

pleister

pansement

verband

pansement

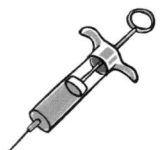

injectie

injection

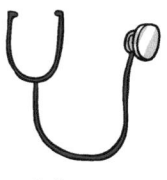

stethoscoop

stéthoscope

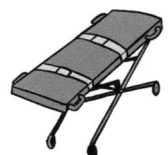

brancard

brancard

thermometer

thermomètre

geboorte

accouchement

overgewicht

surpoids

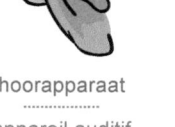

hoorapparaat

appareil auditif

ontsmettingsmiddel

désinfectant

infectie

infection

virus

virus

HIV / AIDS

VIH / sida

medicijn

médicament

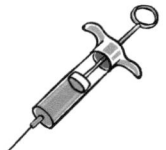

vaccinatie

vaccination

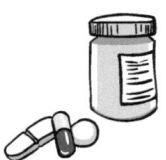

tabletten

tablettes

pil

pilule

noodoproep

appel d'urgence

bloeddrukmeter

tensiomètre

ziek / gezond

malade / sain

Help!

Au secours!

overval

agression

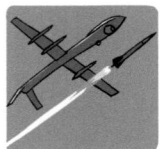

aanval

attaque

gevaar

danger

nooduitgang

sortie de secours

Brand!

Au feu!

brandblusser

extincteur

ongeval

accident

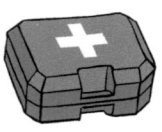

EHBO-kit

trousse de premier secours

SOS

SOS

politie

police

Europa

Europe

Noord-Amerika

Amérique du Nord

Zuid-Amerika

Amérique du Sud

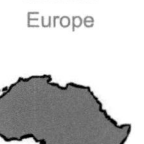

Afrika

Afrique

Azië

Asie

Australië

Australie

Atlantische Oceaan

Océan atlantique

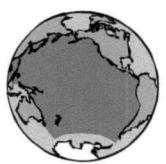

Stille Oceaan

Océan pacifique

Indische Oceaan

Océan indien

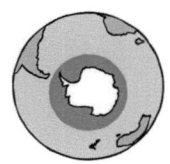

Antarctische Oceaan

Océan antarctique

Arctische Oceaan

Océan arctique

Noordpool

Pônord

Zuidpool

Pôsud

Antarctica

Antarctique

aarde

terre

land

pays

zee

mer

eiland

île

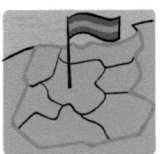

natie

nation

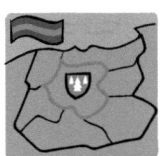

staat

état

wijzerplaat

cadran

uurwijzer

aiguille des heures

minuutwijzer

aiguille des minutes

secondewijzer

aiguille des secondes

Hoe laat is het?

Quelle heure est-il?

dag

jour

tijd

temps

nu

maintenant

digitale horloge

montre digitale

minuut

minute

uur

heure

week

semaine

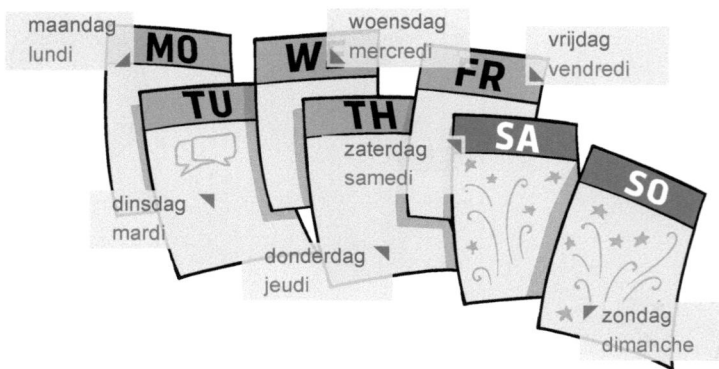

maandag
lundi

woensdag
mercredi

vrijdag
vendredi

dinsdag
mardi

zaterdag
samedi

donderdag
jeudi

zondag
dimanche

gisteren

hier

vandaag

aujourd'hui

morgen

demain

ochtend

matin

middag

midi

avond

soir

werkdagen

jours ouvrables

weekend

week-end

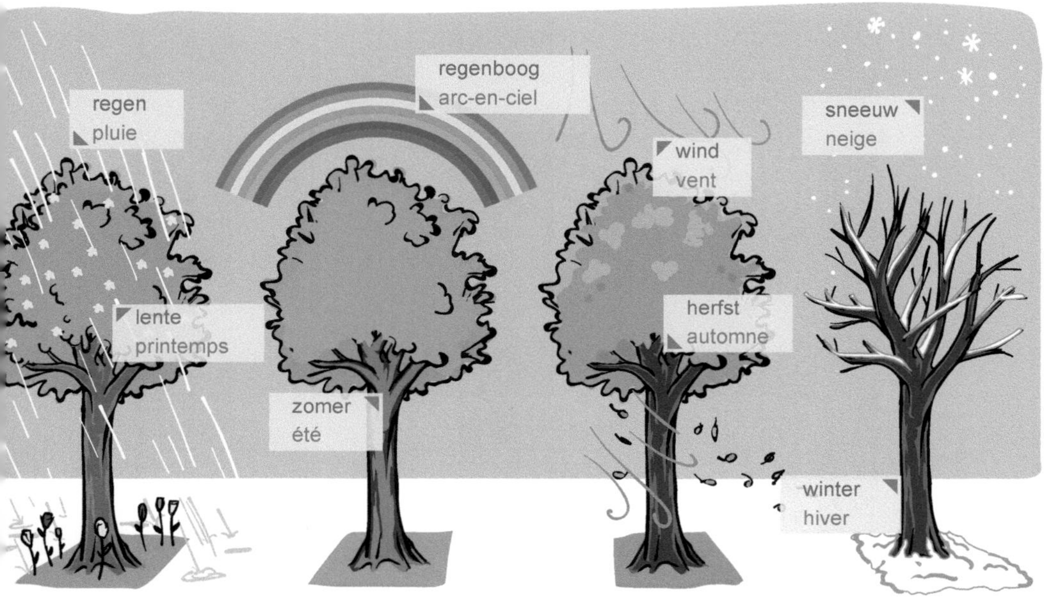

regen
pluie
regenboog
arc-en-ciel
wind
vent
sneeuw
neige
lente
printemps
zomer
été
herfst
automne
winter
hiver

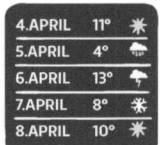

4.APRIL 11°
5.APRIL 4°
6.APRIL 13°
7.APRIL 8°
8.APRIL 10°

weervoorspelling

météo

F
C
120
90
60
30
0
-30
40
30
20
10
0
-10
-20

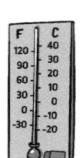

thermometer

thermomètre

zonneschijn

lumière du soleil

wolk

nuage

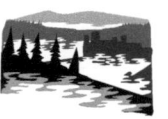

mist

brouillard

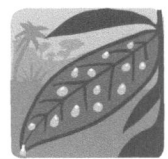

vochtigheid

humidité

bliksem

foudre

donder

tonnerre

storm

tempête

hagel

grêle

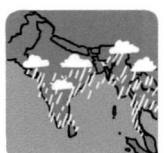

moesson

mousson

overstroming

inondation

ijs

glace

januari

janvier

februari

février

maart

mars

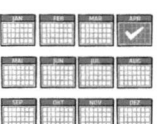

april

avril

mei

mai

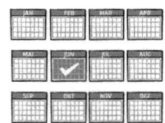

juni

juin

juli

juillet

augustus

août

september
....
septembre

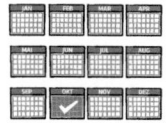

oktober
....
octobre

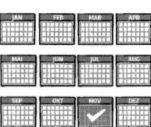

november
....
novembre

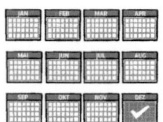

december
....
décembre

vormen
formes

cirkel
....
cercle

kwadraat
....
carré

rechthoek
....
rectangle

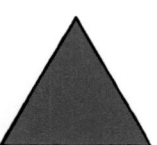

driehoek
....
triangle

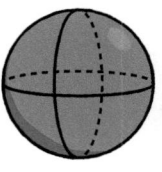

bol
....
sphère

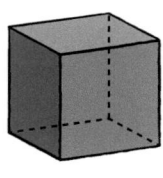

kubus
....
cube

wit

blanc

geel

jaune

oranje

orange

roze

rose

rood

rouge

paars

violet

blauw

bleu

groen

vert

bruin

marron

grijs

gris

zwart

noir

veel / weinig

beaucoup / peu

boos / kalm

fâché / calme

mooi / lelijk

joli / laid

begin / einde

début / fin

groot / klein

grand / petit

licht / donker

clair / obscure

broer / zus

frère / sœur

proper / vuil

propre / sale

volledig / onvolledig

complet / incomplet

dag / nacht

jour / nuit

dood / levend

mort / vivant

breed / smal

large / étroit

eetbaar / oneetbaar

comestible / incomestible

kwaadaardig / vriendelijk

méchant / gentil

opgewonden / verveeld

excité / ennuyé

dik / dun

gros / mince

eerst / laatst

premier / dernier

vriend / vijand

ami / ennemi

vol / leeg

plein / vide

hard / zacht

dur / souple

zwaar / licht

lourd / léger

honger / dorst

faim / soif

ziek / gezond

malade / sain

illegaal / legaal

illégal / légal

intelligent / dom

intelligent / stupide

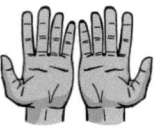

links / rechts

gauche / droite

dichtbij / veraf

proche / loin

nieuw / gebruikt

nouveau / usé

niets / iets

rien / quelque chose

oud / jong

vieux / jeune

aan / uit

marche / arrêt

open / dicht

ouvert / fermé

stil / luid

faible / fort

rijk / arm

riche / pauvre

juist / fout

correct / incorrect

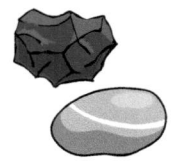

ruw / glad

rugueux / lisse

droevig / blij

triste / heureux

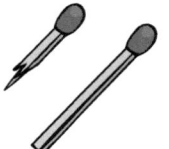

kort / lang

court / long

traag / snel

lent / rapide

nat / droog

mouillé / sec

warm / koud

chaud / froid

oorlog / vrede

guerre / paix

0

nul
zéro

1

één
un

2

twee
deux

3

drie
trois

4

vier
quatre

5

vijf
cinq

6

zes
six

7

zeven
sept

8

acht
huit

9

negen
neuf

10

tien
dix

11

elf
onze

12

twaalf

douze

13

dertien

treize

14

veertien

quatorze

15

vijftien

quinze

16

zestien

seize

17

zeventien

dix-sept

18

achtien

dix-huit

19

negentien

dix-neuf

20

twintig

vingt

100

honderd

cent

1.000

duizend

mille

1.000.000

miljoen

million

Engels

anglais

Amerikaans Engels

anglais américain

Chinees (Mandarijn)

chinois mandarin

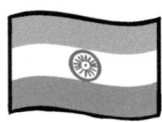

Hindi

hindi

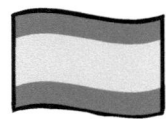

Spaans

espagnol

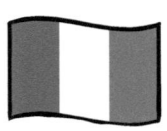

Frans

français

Arabisch

arabe

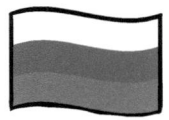

Russisch

russe

Portugees

portugais

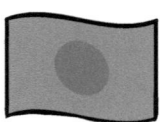

Bengali

bengali

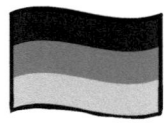

Duits

allemand

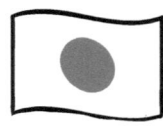

Japans

japonais

ik
je

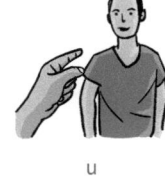

u
tu

hij / zij / het
il / elle

wij
nous

u
vous

ze
ils / elles

wie?
qui?

wat?
quoi?

hoe?
comment?

waar?
où?

wanneer?
quand?

naam
nom

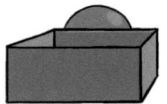

achter

derrière

in

dans

voor

devant

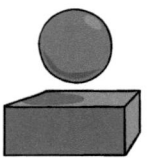

boven

au-dessus

op

sur

onder

en-dessous

naast

à côté de

tussen

entre

plaats

lieu